HOMMAGE À LA MÉMOIRE
DE
Mᵉ JULES GAUGIRAN
AVOCAT-AVOUÉ,

ANCIEN MAIRE D'ALBI, MEMBRE DU CONSEIL MUNICIPAL, MEMBRE DU BUREAU DE BIENFAISANCE, MEMBRE DE LA COMMISSION ADMINISTRATIVE DE L'ASILE DES ALIÉNÉS DU BON-SAUVEUR, ANCIEN ADMINISTRATEUR DE L'HÔPITAL.

DISCOURS
PRONONCÉS
PAR M. LAURENS,
Président du Tribunal civil d'Albi,

ET

PAR Mᵉ BELOT-MONTVALON,
Bâtonnier de l'Ordre des Avocats.

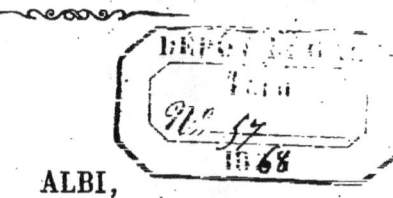

ALBI,
IMPRIMERIE ERNEST DESRUE.
1868.

ALLOCUTION

PRONONCÉE PAR M. LAURENS,

PRÉSIDENT DU TRIBUNAL CIVIL D'ALBI,

A l'Audience du Mardi 24 Novembre 1868.

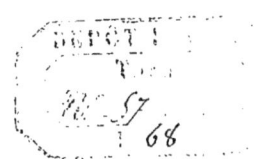

Le jour même de la mort de M⁰ GAUGIRAN, et à l'ouverture de l'audience de la première chambre du Tribunal, M. le président Laurens, fidèle interprète des sentiments du Corps judiciaire, a prononcé l'Allocution suivante :

Messieurs,

C'est sous le coup de la plus vive émotion que j'élève aujourd'hui ma voix dans cette enceinte pour rendre un dernier hommage à celui que nous aimions tous et qu'une fin aussi cruelle qu'imprévue a enlevé, ce matin, à notre affection.

Pour la troisième fois en deux ans, notre famille judiciaire vient d'être douloureusement atteinte et, sans être touchée par nos regrets, la Mort ne se lasse pas de nous frapper au cœur.

Après Boyer, Bermond; après Bermond, Gaugiran; — ils ont été moissonnés tour à tour, ces anciens, ces modèles et ces maîtres de notre barreau, et ils sont tombés tous dans la force de l'âge, dans la plénitude de leur intelligence et dans la virile maturité d'un talent qui ne rencontra jamais que des admirateurs.

Ce qu'il fut, celui que nous pleurons aujourd'hui, je n'ai pas besoin de vous le dire, Messieurs; mieux que moi vous le savez tous, car vous l'avez plus longtemps connu; et le connaître, c'était l'aimer, c'était apprécier l'inépuisable charité de son cœur, l'élévation de ses pensées, la délicatesse de ses sentiments, la noblesse de son caractère et son excessive modestie; c'était admirer la vigoureuse logique de son esprit, sa profonde science juridique, la rectitude de son jugement, son austère probité, son profond attachement à ses devoirs et son amour ardent du bien public.

Pleurons-le donc, Messieurs, car sa perte est de celles dont le vide ne peut être comblé, et que le deuil de nos âmes vienne apporter, s'il est possible, une suprême consolation à une famille désolée, dont nous partageons la douleur et les regrets.

DISCOURS

PRONONCÉ PAR M· BELOT-MONTVALON,

BATONNIER DE L'ORDRE DES AVOCATS,

SUR LA TOMBE DE M· GAUGIRAN,

Le Jeudi 26 Novembre 1858.

MESSIEURS,

On me fait une violence qui honore mon cœur : on m'impose la douloureuse mission de dire l'immensité de la perte que fait aujourd'hui le Corps des Avoués et des Avocats dans la personne de Me Jules Gaugiran, notre si regrettable ami et confrère. On ne me permet ni de consulter mes forces, qui s'éteignent, ni de penser que d'autres, avec l'énergie de leurs sentiments et la puissance de leur parole, auraient fait bien mieux que moi. Eh bien! j'obéis. Que pourrais-je d'ailleurs refuser à des amis, à des confrères qui m'ont donné tant de preuves de leur bienveillance?

Me Jules Gaugiran avait à peine vingt ans quand il est venu s'asseoir au barreau comme stagiaire, en novembre 1830. C'était une époque d'ardeur et d'agitation pour la jeunesse; il n'eut garde de suivre le torrent. Dès l'abord, adonné aux études sérieuses, il se montra calme, paisible comme l'homme de l'âge mûr, réfléchi comme un avocat expérimenté. Un dossier était-il à peine passé dans ses mains, qu'en écoutant ce qu'il en disait on eût cru que c'était par un regard d'intuition qu'il en avait vu le côté vrai, et la forme toute naturelle dans laquelle il exprimait le résultat de son examen semblait autorisée d'une longue expérience, tant il voyait vite et d'un œil sûr!...

Pendant quatre années de postulation comme avocat, parut chez lui un ensemble de qualités qui nous faisait préjuger le bel honneur pour notre Corps de voir grandir et conserver parmi nous un tel membre. MM. les Avoués furent plus heureux : il prit un étude chez eux, en l'année 1835. Dans cette carrière, on eut bientôt remarqué la distinction de son esprit droit et net. Ses formes toujours pacifiques, l'amour de l'étude, la passion du travail de cabinet, une modestie contraire à toute idée ambitieuse, un accès facile et doux : telles sont les belles ressources qui firent de notre confrère, en très-peu d'années, un avoué modèle.

Là, nous l'avons vu à l'œuvre pendant 33 ans : homme du devoir, approuvé, aimé de tous. Si j'écoute les touchantes paroles qu'une douleur spontanée arrache à l'instant de sa mort de la bouche même de l'honorable Chef du Corps judiciaire, si j'interroge ses confrères, si j'appelle en témoignage ce que l'on me permettra de nommer toute la famille judiciaire, unanimement, je l'entends, vous allez tous répéter ce qui se disait il y a quelques heures à mon oreille : la loyauté de ses rapports de confraternité, la valeur qui était attachée par tout le monde à ses appréciations juridiques, le plaçait entre nous tous comme un lien commun capable à lui seul de maintenir la paix, comme un guide sûr pour en prendre conseil.

Ah! je sais qu'il n'était pas seul pour fournir chez nous son tribut de sagesse et de prudence; aussi ai-je foi et bon espoir dans votre avenir, mes jeunes confrères. Il est beau, je le sais, je le vois; mais je ne puis m'empêcher de me confondre d'affliction à la vue de cette large brèche que la Mort fait à nos côtés. — Je frémis de douleur et de regrets quand je baisse les yeux sur la terre que je foule en ce moment et me souviens que nous avons naguère, sans répit, à côté de cette tombe qui va se fermer, déposé la dépouille mortelle de deux hommes que Jules Gaugiran pleurait, hier presque, avec nous et qui étaient comme lui notre gloire.

Vous ne l'avez pas oublié, Messieurs, nous étions fiers avec raison de posséder dans le barreau d'Albi des soutiens et des guides tels que Jules Boyer, Paul Bermond, Jules Gaugiran; et voilà qu'ils nous sont ravis presque à la fois, à l'âge même où ils étaient le plus capables d'être utiles à leur ville natale et au bien public.

Maintenant, Messieurs, je n'ai pas mission de vous apprendre comment celui que nous venons d'accompagner ici, cet homme si sage, si précieux, ce bon ami, chose si rare de nos jours ; ce bon ami, dis-je, opposé par tempérament à la vie publique, fut amené à devenir un homme public. Fils admirable de dévouement et de tendresse envers sa vénérable mère, époux heureux et chéri, père satisfait de deux enfants aimés et si dignes de l'être, pour lesquels il n'avait d'autre ambition que de leur laisser ses titres et l'héritage paternel, et aussi celle de les voir aimés parmi nous comme il l'était lui-même; comment, dis-je, cet homme passionné pour la vie de famille est-il passé à la vie publique? Ce n'est pas à moi à l'expliquer.

Mais on le comprend sans peine lorsqu'on sait qu'appelé tour à tour au Conseil municipal, au bureau de bienfaisance, à la commission administrative de l'hospice, à celle du Bon-Sauveur, il s'y est montré avec toute la lucidité de ses avis, avec la clarté de ses rapports oraux ou écrits, avec la solidité et la promptitude de son jugement; c'était trop pour mettre en lumière son aptitude à conduire les intérêts publics.

Telles sont les causes des sollicitations pressantes qui lui furent faites pour le déterminer à devenir le Maire de notre cité. Là encore, son passage a laissé des preuves incontestables de son esprit d'ordre, de sagesse et de conciliation. Son talent n'y a pas faibli, bien s'en faut.

Et telles sont encore les causes pour lesquelles il fut appelé à la candidature de la députation.

. . . .

Dieu seul sait ce qu'a dû éprouver ce cœur généreux d'avoir à subir les déceptions qui, le plus souvent, affligent l'humanité dans cette dernière voie ; déceptions qui deviennent bien plus poignantes quand, comme lui, on ne s'y est pas jeté soi-même.

Dieu seul le sait, ai-je dit. Je vous adjure, vous qui avez vu comme moi de près ce caractère si noble, cette nature à part, vous qui l'avez approché dans ces derniers mois de sa vie, dites s'il lui est échappé une seule parole, un signe de plainte, un geste de regret, une impression qui ait trompé la sérénité de son âme. N'a-t-il pas été toujours égal, toujours bienveillant sans distinction envers tous ?

Ne nous étonnons pas de cette conduite. Il y avait au plus intime de cette âme élevée un principe de foi chrétienne et catholique dont il s'honorait. Large dans ses aumônes, ne dédaignant jamais d'affirmer dans l'occasion sa foi religieuse, il a eu le bonheur d'être consolé par Celui seul qui, dans le moment suprême, nous relève de nos défaillances morales et physiques. Dieu lui avait promis sa récompense, et Dieu ne trompe personne !

Il le savait bien, notre confrère, puisque, un de ces derniers jours, quand Dieu l'avait visité, après qu'il avait donné ses derniers gages de tendresse et ses derniers conseils à tous les siens, son cœur lui rendait témoignage qu'il n'avait oublié personne. La paix qu'il avait procurée aux autres s'épanchait de son âme et lui dictait avec un sourire sur les lèvres ce pieux adieu : « *Maintenant je suis en règle avec tout le monde.* »

Heureux nous tous, Messieurs, si, quand viendra notre dernière heure, il nous est donné de parler et mourir comme cet homme de bien !

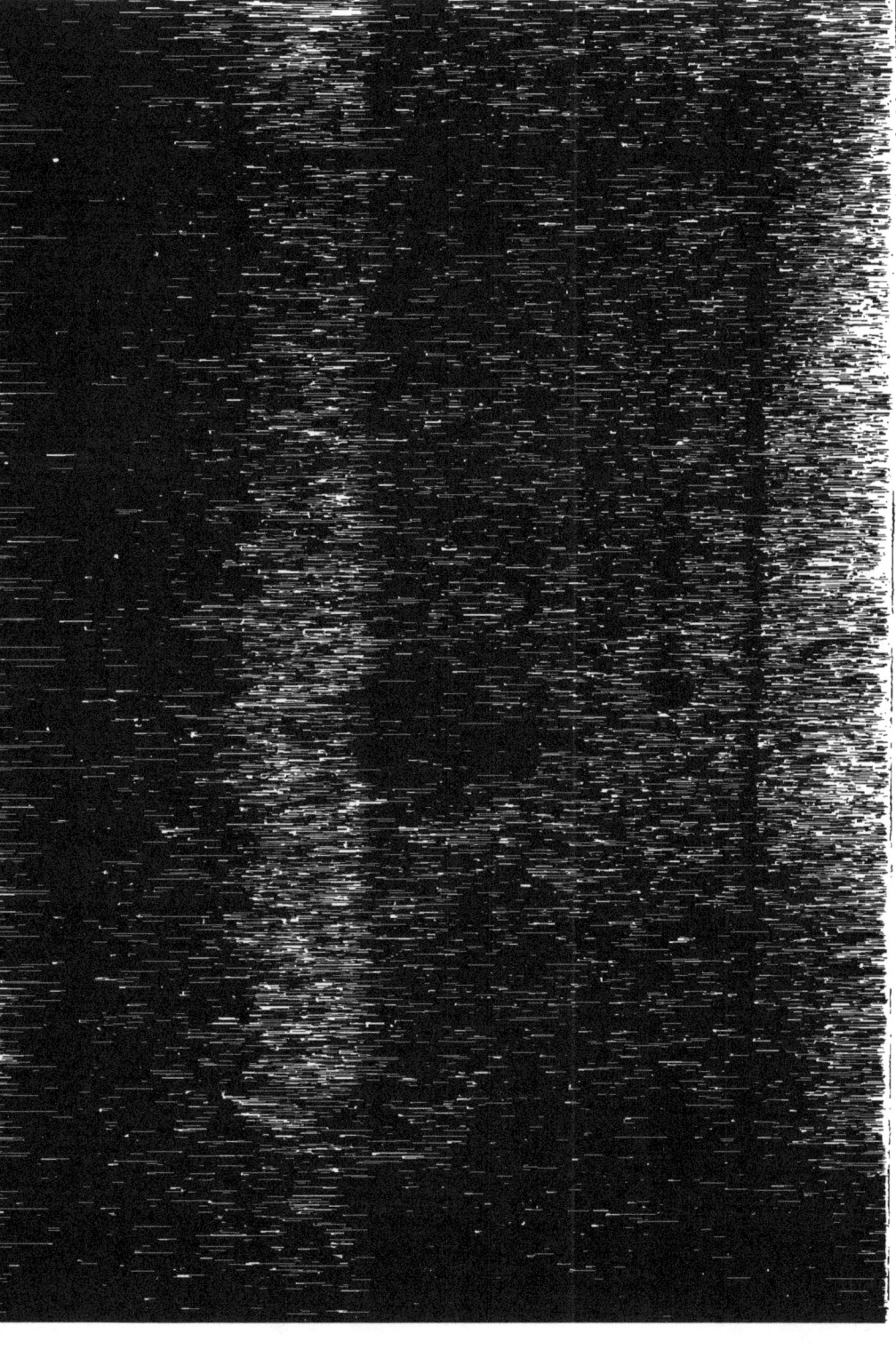

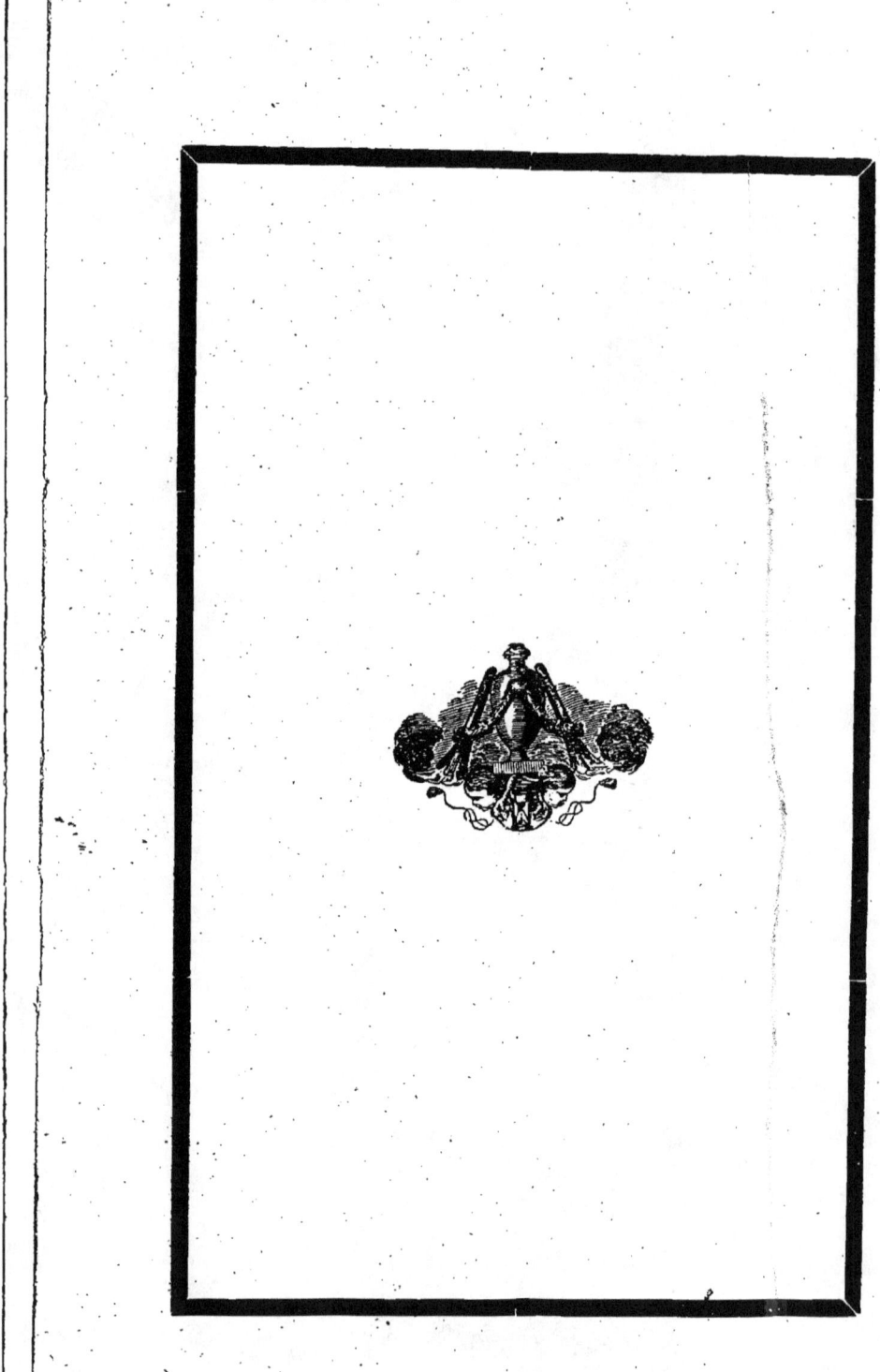

www.ingramcontent.com/pod-product-compliance
Lightning Source LLC
Chambersburg PA
CBHW060626050426
42451CB00012B/2449